LES ANIMAUX POLAIRES EN QUESTIONS

Melvin et Gilda Berger

ILLUSTRATIONS DE HIGGINS BOND

TEXTE FRANÇAIS DU GROUPE SYNTAGME INC.

Éditions
SCHOLASTIC

TABLE DES MATIÈRES

ABRÉVIATIONS

cm = centimètre
kg = kilogramme
km = kilomètre
km² = kilomètre carré
km/h = kilomètre à l'heure
m = mètre
°C = degré Celsius
t = tonne

Catalogage avant publication de Bibliothèque et Archives Canada
Berger, Melvin
Les animaux polaires en questions / Melvin et Gilda Berger;
illustrations de Higgins Bond; texte français du Groupe Syntagme.
(Réponse à tout)
Traduction de : Do penguins get frostbite?
Public cible : Pour enfants de 5 à 9 ans.
ISBN 978-0-545-99598-6
1. Zoologie--Régions polaires--Miscellanées--Ouvrages pour la jeunesse.
I. Berger, Gilda II. Bond, Higgins III. Titre. IV. Collection : Berger, Melvin.
Réponse à tout.
QL104.B47414 2008   j590.911   C2007-905513-3

Conception graphique : David Saylor et Nancy Sabato
Expert consulté : Anthony Brownie, superviseur, département de la faune, Central Park Wildlife Center, New York, N.Y.
Les manchots de la page couverture sont des manchots empereurs. Sur la page titre, on voit des phoques.

Pour Jacob, avec amour
– M. et G. BERGER

Ce livre est dédié à mon père, Henry Higgins,
qui m'a appris à aimer et à respecter les animaux.
– HIGGINS BOND

INTRODUCTION

Tu as probablement déjà vu des animaux polaires au zoo – loin de leur habitat du pôle Nord ou du pôle Sud. Mais savais-tu que les ours polaires, les rennes, les bœufs musqués et les renards arctiques vivent *seulement* en Arctique, c'est-à-dire dans la région du pôle Nord? Et savais-tu que les manchots et les éléphants de mer du Sud vivent *seulement* en Antarctique, c'est-à-dire dans la région du pôle Sud?

Les deux régions polaires sont recouvertes de glace la plus grande partie de l'année. Mais l'Arctique n'est pas tout à fait aussi froid que l'Antarctique. Les animaux terrestres sont plus nombreux en Arctique parce que durant l'été, la neige fond, ce qui permet aux animaux de se nourrir de plantes.

L'Antarctique demeure très froid toute l'année – même l'été. La température monte rarement au-dessus du point de congélation. La plupart des animaux de l'Antarctique vivent dans la mer.

Les animaux polaires survivent parce qu'ils sont particulièrement bien adaptés au froid. Les animaux terrestres ont une grosse fourrure qui les maintient au chaud. Beaucoup d'animaux qui vivent dans l'eau ont, sous la peau, une épaisse couche de graisse qui les protège. Les renards arctiques et les caribous (ou rennes arctiques) sont beaucoup plus petits que les membres de leur espèce qui vivent dans des climats plus chauds. Les animaux plus petits perdent moins de chaleur que les gros quand il fait très froid.

Les régions des pôles Nord et Sud sont froides et hostiles. Pourtant, des animaux fascinants y vivent. La vie dans l'Arctique et l'Antarctique est aussi riche et passionnante que partout ailleurs sur Terre!

Melvin Berger   Gilda Berger

LES MANCHOTS ET AUTRES OISEAUX DU FROID

Les manchots peuvent-ils avoir des engelures?

Non. Les manchots possèdent deux couches de plumes : une épaisse couche imperméable à l'extérieur et, dessous, une couche de plumes douces comme de la peluche. Les deux couches forment une espèce de couverture qui les protège du froid et leur permet de conserver leur chaleur. Elles empêchent le manchot de geler ou d'avoir des engelures.

Où les manchots vivent-ils?

En Antarctique et dans les zones côtières où il y a des courants d'eau froide de l'Antarctique. L'Antarctique est situé au pôle Sud. C'est un continent plus grand que l'Europe ou l'Australie. Toute l'année, une couche de glace et de neige d'une épaisseur de 1,6 km recouvre le sol.

Est-ce qu'il fait vraiment froid en Antarctique?

Oui, très froid. Dans l'hémisphère Sud, l'hiver dure du mois de mai au mois d'août. Autour du continent antarctique, la surface de l'eau gèle et forme une solide couche de glace. En plus, des vents glacials et des rafales pouvant atteindre 190 km/h refroidissent l'air. Le record de froid de tous les temps sur Terre a été enregistré en Antarctique le 21 juillet 1983 : ce jour-là, il a fait – 89,1 °C.

Dans l'hémisphère Sud, l'été, qui dure de décembre à février, n'est pas beaucoup moins froid que l'hiver. Durant ces quelques mois, des morceaux de glace se détachent des banquises et forment d'immenses icebergs. Certains mesurent jusqu'à 13 000 km² – plus de deux fois la taille de l'Île-du-Prince-Édouard!

Afrique

Australie

Antarctique

Où les manchots passent-ils la majeure partie de leur temps?

Dans l'eau. Les manchots sont des oiseaux qui ne peuvent pas voler. Mais ils sont d'excellents nageurs. Leurs ailes petites et puissantes leur servent de nageoires et les aident à se déplacer rapidement dans l'eau. Le nageur le plus rapide, le manchot papou, peut atteindre une vitesse maximale de 27 km/h!

Combien de temps le manchot peut-il rester sous l'eau?

Pas plus de six minutes. Ensuite, il a besoin d'air. Il surgit hors de l'eau, prend une grande inspiration, puis replonge dans la mer polaire glacée! Il recommencera lorsqu'il devra respirer de nouveau.

Que mangent les manchots?

Surtout du poisson, du calmar, et un tout petit animal qui s'appelle le krill.

Quel est le plus gros des manchots?

Le manchot empereur. Ces gros oiseaux pèsent environ 45 kg et font environ 1,2 m de haut – c'est-à-dire la taille moyenne d'un élève de 2ᵉ année. Il y a 15 autres espèces de manchots, de diverses tailles. Le gorfou sauteur, le plus petit de tous, ne mesure que 30 cm de haut environ.

Le manchot empereur détient le record du plongeon le plus profond. En 1990, un manchot empereur a plongé à une profondeur de 0,5 km dans la mer de Ross, en Antarctique.

Les manchots marchent-ils sur la glace?

Difficilement. Les manchots ont une démarche lente et maladroite sur la glace quand ils se baladent sur leurs deux courtes pattes. Ils se balancent de gauche à droite et doivent étendre leurs petites ailes au maximum pour maintenir leur équilibre.

Mais parfois, les manchots sont pressés. À ce moment-là, ils savent quoi faire pour aller plus vite. Ils se couchent à plat ventre et se propulsent avec leurs pattes et leurs ailes. *ZWIIIP!* En moins de deux, ils sont déjà loin...

Manchots empereurs

Où les manchots pondent-ils leurs œufs?

Sur la terre ferme. Lorsqu'elle est prête à pondre, la femelle sort de l'eau. Une fois sur la terre ferme (en fait, la glace), elle entreprend un long voyage (jusqu'à 160 km) pour trouver un endroit sûr où elle pourra pondre : une roquerie. Jusqu'à un million d'oiseaux peuvent se rassembler dans une seule roquerie!

Comment les manchots font-ils leur nid?

Ils ne s'y prennent pas comme les autres oiseaux. Les manchots ne peuvent se servir d'herbes et de brindilles pour construire leur nid, car les végétaux sont rares en Antarctique. Certains manchots pondent leurs œufs directement sur le sol ou la glace. D'autres creusent dans le sol un trou peu profond qu'ils garnissent de cailloux.

Combien d'œufs la femelle du manchot empereur pond-elle à la fois?

Habituellement, un seul. Dès qu'elle a pondu, la femelle fait rouler l'œuf sur les pattes du mâle. Puis elle retourne dans l'eau sans perdre une minute. Le mâle enfouit l'œuf sous un repli de la peau de son ventre, pour le tenir au chaud, et il se dandine jusqu'au cercle de mâles le plus proche.

Les manchots mâles demeurent blottis les uns contre les autres en cercle pendant deux mois, sans manger. Chaque animal perd environ la moitié de son poids. Les manchots qui sont à l'extérieur du cercle avancent lentement vers le centre pour se réchauffer, tandis que ceux qui sont à l'intérieur du cercle se déplacent vers l'extérieur pour prendre l'air et protéger les autres du froid. Pas d'injustice!

Après combien de temps l'œuf éclot-il?

Environ 35 jours. Le bébé manchot s'appelle un poussin. Au tout début, le mâle nourrit le poussin avec une substance laiteuse provenant de l'intérieur de sa bouche. Ensuite, la femelle revient s'occuper du petit. À ce moment-là, le mâle retourne dans l'océan pour remplir de nourriture son estomac vide. Il revient, quelques semaines plus tard et les deux parents s'occupent alors du petit. Ils le nourrissent d'aliments en partie digérés, et le poussin grandit rapidement. Environ six mois plus tard, le petit manchot est assez grand pour subvenir lui-même à ses besoins.

Manchots empereurs et poussins

Skua

Manchots

Quel oiseau polaire vole des œufs de manchot?

Le skua. Oiseau immense et féroce, le skua se nourrit d'œufs de manchot ou même de poussins très jeunes qu'il arrache à leurs parents dans la roquerie.

Les skuas travaillent parfois en équipe pour attraper leur proie. Le premier oiseau fonce tête première sur un manchot adulte et, avec son bec recourbé et puissant, le fait tomber. L'autre skua, qui suit le premier de très près, descend du ciel pour voler le poussin ou l'œuf.

Le skua, maître voleur, trouve aussi à manger près de l'eau. S'il fait cavalier seul, le skua repère un oiseau qui a capturé un poisson. Il fonce sur l'oiseau, lui faisant perdre sa proie. En moins de temps qu'il n'en faut pour le dire, le skua saisit le poisson au vol et l'engloutit.

Les skuas vivent-ils seulement en Antarctique?

Non. Certains vivent en Arctique. En fait, il s'agit du seul oiseau marin qu'on retrouve à la fois en Antarctique *et* en Arctique.

Albatros

Pétrel

Quel est le plus grand oiseau polaire?

L'albatros hurleur. En septembre 1965, des marins ont capturé un albatros mâle dont l'envergure (c'est-à-dire l'étendue des ailes déployées) était de 3,6 m. C'est presque deux fois la longueur de ton lit!

Les gens qui voyagent sur l'océan nous disent que les albatros peuvent planer dans les airs pendant des heures sans battre des ailes une seule fois. Il arrive qu'un albatros suive un bateau pendant des jours, sans presque jamais se poser pour se reposer. Ces oiseaux ne se posent au sol que pour s'accoupler et pondre leurs œufs.

Quel oiseau polaire semble marcher sur l'eau?

Le pétrel. La plupart du temps, il vole juste au-dessus de la surface de l'océan. Il laisse ballotter ses pattes, les serres tendues et prêtes à agripper tout poisson à sa portée. De loin, on dirait qu'il marche sur l'eau.

Cousin de l'albatros, le pétrel reste lui aussi en haute mer la plupart du temps. Il survole la terre ferme seulement pendant la saison des amours, ou quand une grosse tempête fait rage en mer, le repoussant vers le rivage.

Lagopède des saules en été

Lagopède des saules en hiver

Quel oiseau polaire est le plus grand voyageur?

La sterne arctique. Pendant l'été arctique, ces oiseaux marins se reproduisent et attendent l'éclosion de leurs œufs. La sterne reste en Arctique jusqu'à ce que l'hiver revienne. Puis les adultes et leurs petits entreprennent un long voyage qui les mènera en Antarctique, où l'été commence. Leur voyage dure environ trois mois : ils parcourent plus de 19 000 km.

Les sternes passent les trois mois de l'été antarctique à proximité du pôle Sud, pour ensuite revenir vers le nord – en parcourant de nouveau plus de 19 000 km. Vers la mi-juin, ils sont de retour en Arctique. Ils ont la belle vie, non? Deux étés de suite, sans hiver, année après année!

Quel oiseau arctique change de couleur deux fois par année?

Le lagopède des saules. Son plumage est blanc en hiver, lorsque la toundra – c'est-à-dire les terres arides et sans arbres de l'Arctique – est recouverte de neige. Le lagopède peut donc se dissimuler facilement dans les bancs de neige.

Puis, en été, lorsque la glace de la toundra fond et que de petites plantes commencent à pousser, le plumage du lagopède prend la couleur du sol. Ce camouflage lui permet d'échapper à ses ennemis, car il est très difficile de distinguer l'oiseau immobile sur son nid de feuilles, parmi les pierres et les plantes basses. Même ses œufs, tachetés de brun, sont difficiles à repérer.

Comment se fait-il que le lagopède change de couleur?

C'est à cause de la variation du nombre d'heures de clarté. À mesure que les journées raccourcissent à l'automne, le plumage du lagopède blanchit. À mesure que les journées rallongent au printemps, le plumage du lagopède redevient plus foncé.

Des scientifiques ont tenté l'expérience suivante : ils ont enfermé un lagopède dans une pièce sans fenêtre et ont graduellement diminué le nombre d'heures de clarté. Le plumage de l'oiseau a blanchi, même si l'été était loin d'être fini! Les scientifiques ont prouvé que le changement de couleur est attribuable au temps d'exposition à la lumière, et non au changement de température.

LES OURS POLAIRES ET AUTRES ANIMAUX TERRESTRES

Où vivent les ours polaires?

Seulement en Arctique. Les ours polaires vivent dans la toundra, le long des côtes du nord du Canada, du Groenland, de la Russie et de l'Alaska ainsi que sur les îles et dans les eaux de l'océan Arctique. Parfois, ils dérivent sur de gigantesques plaques de glace flottantes, qu'on appelle des banquises. Mais tu auras beau chercher, tu ne verras jamais un ours polaire en Antarctique!

Les ours polaires vivent-ils seuls ou en groupe?

Ils sont solitaires. Mais durant l'hiver, ils se rassemblent dans des tanières que les femelles creusent dans la neige. Les ourses enceintes donnent naissance à leurs petits vers la fin du mois de novembre ou au début de décembre.

Comment les ours polaires conservent-ils leur chaleur?

Grâce à leur fourrure très dense, à une couche de graisse d'une épaisseur de 10 cm sous la peau et à leurs pieds très poilus. La fourrure épaisse de l'ours polaire est faite de poils qui sont en fait de petits tubes transparents. Le soleil traverse les tubes et atteint la peau noire de l'ours sous sa fourrure, ce qui réchauffe tout son corps. En même temps, l'air contenu dans les poils creux agit comme un isolant. Ainsi, l'ours conserve sa chaleur, et le froid glacial ne l'atteint pas. En plus, le dessous de ses pieds est bien poilu ce qui les tient bien au chaud et permet à l'ours de marcher sur la glace sans glisser.

Combien de temps vivent les ours polaires?

Les ours polaires de l'Arctique peuvent vivre jusqu'à 33 ans.

L'ours polaire est-il plus rapide sur la terre ferme ou dans l'eau?

Sur la terre ferme. L'ours polaire peut courir à une vitesse de 55 km/h, tandis qu'à la nage, sa vitesse atteint seulement 10 km/h environ.

Pourtant, si on le compare à l'être humain, l'ours polaire est un athlète de haut niveau. Il se déplace trois fois plus vite – sur la terre ferme comme dans l'eau – que les coureurs de fond et les nageurs olympiques!

Combien de petits l'ourse met-elle au monde à la fois?

Habituellement, un seul. Même si l'ours polaire est énorme une fois adulte, le nouveau-né ne fait que 23 cm de long et ne pèse que 700 grammes environ.

Fait surprenant : les oursons polaires sont tellement petits qu'ils peuvent s'installer entre les orteils des pattes avant de leur mère – où ils sont au chaud et en sécurité!

Les ourses polaires sont-elles de bonnes mères?

Oui – excellentes. Dans la tanière, la mère s'occupe de son petit attentivement pendant les trois premiers mois. Jour après jour, l'ourson grandit et prend des forces en se nourrissant du lait de sa mère.

Lorsque le petit est prêt à quitter la tanière, sa mère lui apprend à chasser les phoques, les morses et les poissons. Si la viande se fait rare, sa mère lui montre comment trouver des baies et d'autres plantes comestibles.

Deux ans plus tard, le « petit » mesure environ 3 m de long et pèse près de 680 kg! À ce moment-là, il n'a plus besoin de sa mère.

Ourson polaire

Ours polaires

De quoi l'ours polaire se nourrit-il surtout?

De phoques – tout particulièrement de phoques annelés. L'ours polaire peut attendre, silencieux et immobile, jusqu'à quatre heures près des trous dans la glace où les phoques viennent respirer.

Aussitôt qu'un phoque remonte à la surface, *PAF*! l'ours polaire l'assomme d'un coup de patte puissant qui tue l'animal instantanément. Ensuite, avec ses pattes et ses dents, l'ours tire le phoque hors de l'eau, puis se régale de peau, de gras et d'organes. Après un tel repas, l'ours polaire peut rester jusqu'à cinq jours sans manger.

Ours polaire

Les ours polaires assomment-ils toujours les phoques avec la même patte?

Il semble que oui. Les observateurs ont remarqué que les ours polaires attaquent toujours avec la patte gauche. Peut-être sont-ils naturellement gauchers.

À quel moment les ours polaires font-ils des attaques surprises?

Habituellement au printemps, lorsque la glace se brise dans l'Arctique. Plutôt que d'attendre sur la glace que sa proie vienne à lui, l'ours nage jusqu'à une banquise où les phoques se reposent.

   Quand il arrive tout près des phoques, il plonge sous la banquise. Puis il remonte brusquement et percute la glace avec une telle force que les phoques dégringolent dans l'eau. Ensuite, c'est très facile. L'ours attrape un phoque, le tire sur la banquise ou sur une plaque de glace et fait un festin.

Quel est le sens le plus aiguisé chez l'ours polaire?

L'odorat. L'ours polaire peut détecter l'odeur d'un phoque à une distance de 32 km. Il peut même retrouver une tanière de phoques enfouie sous plusieurs couches de neige et de glace. Les spécialistes disent que l'odorat de l'ours polaire est environ cent fois plus développé que celui de l'être humain.

Les ours polaires tuent-ils des êtres humains?

Très rarement. Les ours polaires traquent parfois les êtres humains comme s'ils allaient attaquer. Mais ils ne s'en prennent presque jamais à nous. Même les personnes qui chassent les ours polaires ou les capturent pour leur fourrure ne se font pas attaquer par ces animaux. Selon les spécialistes, c'est peut-être pour cette raison que les ours polaires sont en voie de disparition. Il n'en reste que 25 000 environ dans le monde entier.

Pourquoi les renards arctiques suivent-ils les ours polaires?

Pour manger les restes de leurs repas. Mais les renards doivent être prudents. S'ils s'approchent trop, ils pourraient devenir le prochain repas de l'ours!

Les renards arctiques sont-ils gros?

Non, ils sont tout petits. Un renard arctique adulte est à peu près de la taille d'un très gros chat domestique.

Comme son corps n'a qu'une petite surface, le renard arctique perd moins de chaleur qu'un animal plus gros. En plus, il a de petites oreilles et un petit museau, ce qui l'aide aussi à conserver sa chaleur dans le froid polaire intense.

De quelle couleur est le renard arctique?

Brun-gris en été, blanc en hiver. Comme son pelage change de couleur selon les saisons, le renard arctique peut s'approcher de sa proie sans se faire remarquer en été comme en hiver. Grâce à sa couleur d'été foncée, il passe inaperçu dans le paysage terreux qui apparaît lorsque la neige fond. L'hiver, son pelage blanc lui permet de se camoufler sur la neige.

Les renards arctiques chassent-ils pour se nourrir?

Oui. Les renards arctiques chassent des animaux plus petits qu'eux, comme les lièvres, les écureuils et les oiseaux. Ils raffolent particulièrement d'un petit animal à poil long qui ressemble à une souris : le lemming. Le lemming est l'animal le plus répandu dans le Grand Nord.

Comment les renards arctiques attrapent-ils les lemmings?

Ils flairent leur piste. Le renard arctique trottine, museau au sol pour flairer les odeurs. Tôt ou tard, il renifle l'odeur d'un lemming caché dans un terrier. Il s'arrête net et se dresse sur ses pattes arrière. Puis, de toutes ses forces, il enfonce ses pattes avant dans le terrier. Le lemming n'a aucune chance de s'échapper. Un renard arctique affamé peut dévorer dix lemmings bien dodus en une seule journée!

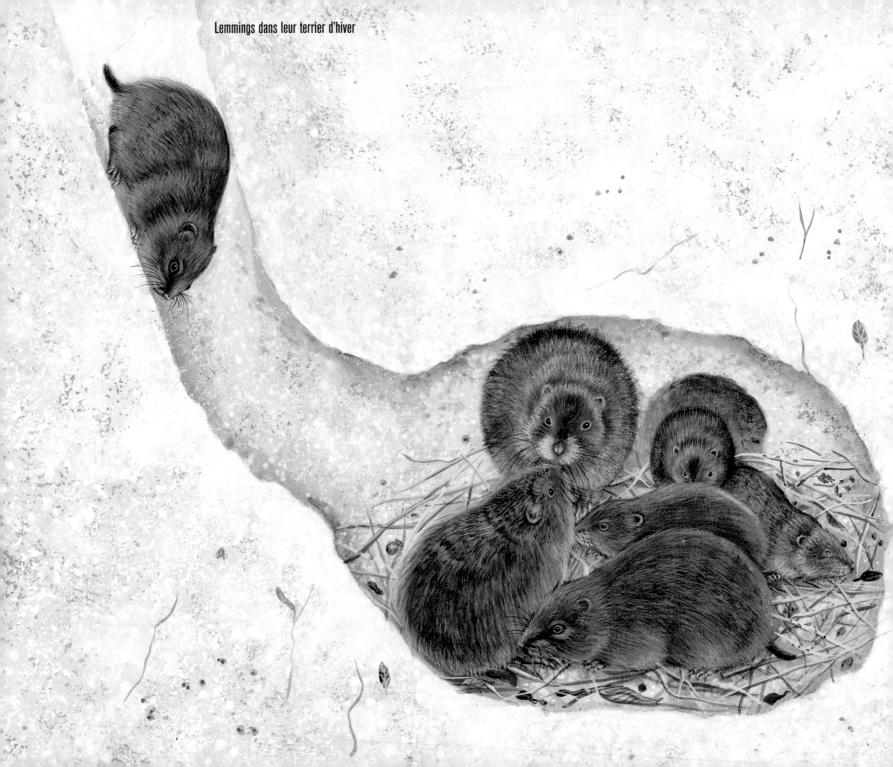

Lemmings dans leur terrier d'hiver

Les lemmings mangent-ils d'autres animaux plus petits?

Non. Les lemmings sont herbivores (ils mangent des plantes). Ils se nourrissent d'herbe et d'autres petits végétaux de la toundra qui poussent dans leur tanière. En revanche, ils sont très appréciés des renards et d'autres prédateurs affamés, comme les harfangs des neiges et les hermines. L'hermine est un autre animal qui change de couleur selon les saisons : blanche en hiver, brune en été.

Combien de petits une portée de lemmings compte-t-elle?

Jusqu'à dix. Et une femelle peut avoir trois portées par année!

En plus, les bébés lemmings sont eux-mêmes prêts à se reproduire dès qu'ils ont un mois! Les lemmings se multiplient à un tel rythme qu'une colonie devient vite surpeuplée et peut compter des millions de ces petites bêtes.

Qu'est-ce qui arrive lorsque la colonie est surpeuplée?

Il n'y a plus assez de nourriture. Certains lemmings quittent la colonie, suivis par d'autres. Bientôt, des millions de lemmings courent dans tous les sens.

Les renards et les hiboux profitent de l'occasion pour faire un bon repas. Certains lemmings tombent des falaises. Un bon nombre se noie accidentellement en voulant fuir à la nage.

Les lemmings qui restent dans la colonie ont alors beaucoup de nourriture et d'espace. Ils se reproduisent, se multiplient. Tôt ou tard, la colonie redevient surpeuplée, et le cycle recommence.

Est-ce que les lemmings qui quittent la colonie se suicident?

Non. Un des mythes les plus courants concernant les lemmings est qu'ils se noient volontairement, et non par accident. Les scientifiques ne croient plus à cette hypothèse. Tu ne devrais donc pas y croire toi non plus!

Les carcajous sont-ils de petits loups?

Non. Les carcajous sont de la même famille que les belettes; ils ne sont pas apparentés aux loups. Les carcajous vivent dans la toundra, dans la région du cercle arctique.

Quel est le pire ennemi du carcajou?

L'homme. Des chasseurs piègent et tuent les carcajous pour leur fourrure. Leur pelage va du brun foncé au noir, avec une bande de poils plus pâles sur les côtés. C'est une très belle fourrure… qui vaut très cher. Les agriculteurs et les grands éleveurs chassent aussi les carcajous parce que ces derniers tuent parfois la volaille ou le bétail. C'est pourquoi il y a de moins en moins de carcajous à l'état sauvage.

Que mangent les carcajous?

À peu près n'importe quoi. L'été, ils mangent de petits mammifères, des oiseaux et des plantes. En hiver, ils préfèrent quelque chose de plus substantiel, par exemple un renne (aussi appelé caribou).

Le carcajou attaque le renne en sautant sur son dos à partir d'un arbre ou d'une roche. Avec ses griffes puissantes et ses crocs acérés, il transperce la chair de sa proie et s'accroche jusqu'à ce que le renne s'effondre. Ensuite, il le dévore en partie et cache le reste qu'il mangera plus tard. Le carcajou réussit presque toujours à vaincre le renne, pourtant cinq fois plus gros que lui. Il semble que le renne n'ait aucun moyen de parer l'attaque d'un carcajou affamé.

Qu'est-ce qui distingue le renne des autres cervidés?

Les rennes ont des ramures plus grandes que celles des mâles de la plupart des cervidés. De plus, les rennes sont les seuls cervidés dont les femelles comme les mâles ont des ramures (ou des bois).

Les rennes, qui vivent dans les régions polaires, ont aussi des sabots plus larges qui les empêchent de s'enfoncer trop profondément dans la neige, pendant l'hiver, ou dans la boue, pendant l'été, quand la neige fond dans la toundra.

Carcajou

Rennes

Rennes

Comment les rennes mâles utilisent-ils leur ramure?

Comme une arme. Les rennes mâles se battent en duel contre d'autres mâles pour prendre la tête du troupeau. Le mâle qui remporte le duel attire aussi les femelles, avec lesquelles il s'accouple. En général, les femelles mettent bas au printemps.

Certains duels de rennes sont fatals. Lorsque deux rennes foncent l'un sur l'autre, leurs ramures peuvent s'accrocher ensemble. S'ils n'arrivent pas à se séparer, les deux animaux meurent de faim parce qu'ils ne peuvent ni aller à la recherche de nourriture, ni manger.

À quoi servent les ramures des rennes femelles?

Personne ne le sait exactement. Certains scientifiques croient que les femelles se servent de leur ramure pour creuser dans la neige et trouver des plantes. Il arrive aussi aux femelles de se battre lorsque la nourriture se fait rare.

Où les rennes trouvent-ils à manger?

Cela dépend du temps qu'il fait. Lorsque la neige recouvre la toundra, les rennes utilisent leur odorat pour repérer les plantes basses, comme la mousse et le lichen. Avec leur museau ou leurs sabots, ils grattent la neige jusqu'aux plantes qui se trouvent dessous. Un renne doit manger environ 11,8 kg de nourriture chaque jour pour survivre.

Pendant les mois d'hiver, lorsque le sol gèle complètement, d'immenses troupeaux de rennes migrent, ou changent d'endroit, pour trouver des plantes à manger. Ils peuvent parcourir des centaines de kilomètres, traverser à la nage des ruisseaux, des rivières ou des fleuves pour finalement atteindre les forêts à la limite sud de la région arctique.

Dans les forêts, les rennes mangent constamment jusqu'à l'été. À ce moment-là, ils se rassemblent en troupeau et retournent vers le pôle Nord : ils arrivent à temps pour se nourrir des plantes qui viennent de pousser. Ils restent au pôle Nord jusqu'à ce que le sol gèle de nouveau.

Quels animaux restent dans la toundra tout l'hiver?

Les bœufs musqués. Ces grosses créatures sympathiques vivent dans la toundra arctique été comme hiver. Ils broutent de l'herbe, des pousses de saules et de pins, du lichen et de la mousse. Lorsque la nourriture se fait rare, le bœuf musqué survit grâce au lichen et à ses réserves de graisse. Après tout, il a toujours beaucoup de kilos en trop. Un mâle adulte peut peser plus de 400 kg.

La fourrure du bœuf musqué est-elle longue?

Très : aucun animal n'a une fourrure plus longue. Les poils du bœuf musqué peuvent mesurer jusqu'à 1 m de long!

Deux couches de longs poils touffus – une couche extérieure assez rude qui recouvre une autre couche plus duveteuse – protègent le bœuf musqué du froid glacial de l'Arctique.

Le pouvoir isolant de sa toison est si efficace que le bœuf musqué peut se coucher dans la neige sans geler – et sans faire fondre la neige sous lui!

Que font les bœufs musqués lorsqu'ils se font attaquer?

Ils forment un cercle. Serrés les uns contre les autres, face à l'extérieur, ils protègent les plus jeunes membres du troupeau qui se réfugient au centre. Peu d'adversaires réussissent à traverser le barrage formé par les cornes tranchantes de plus de 60 cm des bœufs musqués.

Néanmoins, de temps à autres, un loup affamé tente d'entrer dans le cercle. À ce moment-là, un des bœufs musqués baisse la tête et charge. Le bœuf musqué peut foncer directement sur le loup et lui briser les os. Ou il peut transpercer l'animal avec ses cornes. Les spécialistes disent qu'un bœuf musqué qui charge a la même force qu'un camion qui se déplace à 27 km/h.

Quel est l'ennemi le plus redoutable du bœuf musqué?

Le maringouin! Ce petit insecte transporte des germes pouvant provoquer diverses maladies, parfois mortelles, pour le bœuf musqué. Comme il a du mal à piquer le bœuf musqué à travers sa toison touffue, le maringouin tenace attaquera le museau de sa victime!

Bœufs musqués

Lièvres arctiques

Qu'est-ce que le lièvre d'Amérique a de particulier?

Des pattes arrière grosses et larges. Les pieds du lièvre sont comme des raquettes : ils lui permettent de courir, de marcher et de bondir sur la neige sans s'enfoncer. En plus, le lièvre a de longs poils entre les orteils et sur la plante des pieds, ce qui l'empêche d'avoir froid et de glisser sur la neige ou la glace. Comme d'autres animaux arctiques, le lièvre d'Amérique a un camouflage efficace. Son pelage est blanc en hiver et brun en été.

Les lièvres sont-ils différents des lapins?

Oui. On peut différencier les deux espèces plus facilement à la naissance. Les lièvres naissent avec de la fourrure et les yeux ouverts. Les lapins, en revanche, naissent sans fourrure et les yeux fermés. En outre, pour échapper à leurs ennemis, les lapins se cachent, tandis que les lièvres se sauvent en adoptant un genre de galop.

Les lièvres adultes ont habituellement des oreilles plus longues que celles des lapins adultes. Mais le lièvre arctique fait exception : il a de petites oreilles – probablement pour conserver sa chaleur corporelle. Le lièvre arctique a aussi le museau plus court que celui des lapins – une autre façon de conserver sa chaleur.

Comment les lièvres arctiques échappent-ils à leurs ennemis?

Ils prennent la fuite. Parfois, un renard ou un loup s'approche d'un groupe de lièvres arctiques dans la toundra. Dès qu'ils aperçoivent l'ennemi, les lièvres se dispersent rapidement. Ils fuient dans tous les sens, ce qui déroute le prédateur et laisse aux lièvres le temps de s'enfuir. Les lièvres apeurés ressemblent à des balles de neige qui rebondissent dans la toundra!

Comment appelle-t-on les petits du lièvre arctique?

Des levrauts. Les hases (lièvres femelles) donnent naissance à leurs petits sur le sol ou dans un trou qu'elles ont creusé dans la terre. Elles ont habituellement de quatre à huit levrauts par portée. Les petits naissent généralement en juin. Leur fourrure est plus foncée que celle des lièvres adultes.

LES BALEINES ET AUTRES CRÉATURES MARINES

Les baleines sont-elles des animaux polaires?

Certaines, oui. L'été, ces baleines se rendent dans les eaux glacées de l'Arctique ou de l'Antarctique. Elles se nourrissent de minuscules crustacés appelés krill. Lorsque l'hiver arrive, elles se déplacent vers des mers plus tempérées et plus calmes, pour se reproduire et attendre la naissance de leur petit. Mais les baleines ne mangent pas pendant cette période. Elles vivent sur les réserves de graisse qu'elles ont accumulées dans les océans polaires.

À la fin du printemps, lorsque la température se réchauffe, les baleines retournent dans les régions polaires pour se nourrir. De nombreuses baleines migrent ainsi chaque année, parcourant des milliers de kilomètres entre les mers polaires et les eaux plus tempérées.

Comment les baleines conservent-elles leur chaleur dans les eaux glaciales?

Grâce à leur peau épaisse et à ce qu'on appelle le « lard », c'est-à-dire leur graisse. Le cachalot est extrêmement bien protégé. Sa peau est d'une épaisseur de 35 cm. Et sa graisse lui ajoute 61 cm supplémentaires de protection. Ainsi, le double « emballage » du cachalot lui procure chaleur et confort, même dans l'eau glaciale.

Les baleines peuvent-elles avoir trop chaud?

Tout à fait. Lorsqu'une baleine nage très vite pendant longtemps – même dans les eaux polaires – il est possible que sa température monte trop. Mais les baleines ont une façon bien à elles de se rafraîchir.

Les baleines sont dotées de gros vaisseaux sanguins qui transportent le sang partout dans leur corps. Lorsqu'une baleine a très chaud, le sang afflue en plus grande quantité dans sa peau. L'eau froide de l'océan sur la peau de l'animal rafraîchit le sang, qui rafraîchit ensuite le reste du corps. Un système de climatisation ultra-efficace!

Krill

Baleine boréale

Fanons

Quels types de baleines migrent?

Les baleines de la famille des cétacés à fanons. Au lieu d'avoir des dents, ces baleines ont des fanons, c'est-à-dire des lames qui ressemblent à des peignes fixés à leur palais. Les fanons sont faits de la même matière que tes ongles. Certains types de baleines à fanons quittent les eaux tempérées pour aller vers le nord, jusqu'à l'Arctique; d'autres nagent vers le sud, jusqu'en Antarctique.

Comment les baleines à fanons se nourrissent-elles?

Elles nagent la gueule grande ouverte. Des milliers de litres d'eau entrent dans leur gueule. L'eau est remplie de krill, composé de millions de petites créatures qui vivent dans les couches supérieures des océans polaires.

À l'aide de sa langue géante, la baleine fait ressortir l'eau à travers ses fanons. Le krill reste coincé dans les fanons, puis *GLOUP! GLOUP!* la baleine s'empresse de l'avaler!

Quelle quantité de krill la baleine avale-t-elle?

Des tonnes. La plus grande baleine de toutes, le rorqual bleu, peut engloutir jusqu'à 4 tonnes de krill chaque jour!

Quelle baleine à fanons ne quitte jamais l'Arctique?

La baleine boréale. Cette baleine, qu'on appelle aussi baleine franche du Groenland, ne migre pas. Elle passe toute l'année dans l'océan Arctique.

Aucune baleine n'a de fanons plus longs que ceux de la baleine boréale. Chaque lame peut mesurer 4,6 m de long! Si on plaçait un fanon sur un terrain de basket-ball, il s'étendrait de la ligne de lancer franc jusqu'au panier!

Les baleines à dents migrent-elles?

La plupart, non. Les baleines à dents, qui ont des dents au lieu de fanons, se déplacent peu. Les bélugas et les narvals, qui sont deux types de baleines à dents, vivent dans les eaux de l'Arctique toute l'année. Ce sont de petites baleines qui font rarement plus de 5 m de long.

Comment peut-on différencier les bélugas des narvals?

C'est facile. Le béluga est tout blanc, du museau à la queue. D'ailleurs, on l'appelle parfois baleine blanche. De plus, le corps du béluga est mince aux deux extrémités.

Le narval, lui, est très reconnaissable : une très longue défense sort de sa bouche. Cette défense pointue et spiralée est en fait l'une des deux dents qu'il possède. Personne ne sait exactement à quoi lui sert cette défense. Le narval s'en sert peut-être pour harponner des poissons, pour draguer le fond de l'océan à la recherche de mollusques et de crustacés, ou comme arme pour se battre avec d'autres mâles pendant la saison des amours. Chose certaine, le narval ne se sert pas de cette dent pour mastiquer!

Bélugas

Narvals

36

Les épaulards sont-ils des animaux polaires?

Oui et non. Un grand nombre de ces baleines à dents vivent toute l'année dans les eaux de l'Antarctique. D'autres y vivent seulement une partie de l'année.

En Antarctique, les épaulards chassent habituellement en groupe de 5 à 20. Leurs principales proies sont les phoques, les manchots et les baleines à fanons. Les épaulards raffolent particulièrement de la langue et des lèvres des baleines à fanons. Ils en arrachent des bouchées qu'ils avalent tout rond.

Les épaulards sont des prédateurs redoutables : ils dévorent beaucoup d'animaux marins. C'est pourquoi on les surnomme parfois baleines tueuses. Mais lorsqu'ils sont en captivité, les épaulards sont des créatures dociles, faciles à entraîner et rarement méchantes envers les humains.

Épaulard

Quelle baleine à dents migre chaque été?

Le cachalot mâle – la plus grosse des baleines à dents. Les cachalots mâles et femelles passent l'hiver dans des régions où l'eau est tempérée. Mais lorsque l'été arrive, certains mâles migrent vers les régions polaires.

Le cachalot chasse des calmars géants dans les eaux froides du pôle Nord et du pôle Sud. Pour attraper ces créatures, il plonge dans les profondeurs de la mer (jusqu'à 2,4 km de la surface). Il peut retenir son souffle pendant deux heures.

Comme les calmars géants ne remontent presque jamais à la surface, rares sont les personnes qui en ont déjà vu. Pourtant, nous savons qu'ils existent. Les coupures et les cicatrices que l'on retrouve parfois sur le corps des cachalots témoignent de combats féroces entre cachalots et calmars.

Un calmar géant, est-ce vraiment gros?

Énorme! Le calmar géant peut mesurer jusqu'à 18 m de long. Si on en plaçait un sur un terrain de baseball, il s'étendrait du marbre au monticule du lanceur. Un calmar géant est aussi lourd qu'un gorille adulte : il pèse 200 kg.

Le calmar géant fait partie de la même famille que la pieuvre. Mais plutôt que d'avoir 8 tentacules comme la pieuvre, il en a 10. Chaque tentacule est muni d'une rangée de ventouses qui permettent au calmar d'agripper et de retenir sa proie.

Est-ce que tous les calmars sont géants?

Non, la plupart sont de taille beaucoup plus petite. Les calmars ordinaires mesurent de 30 cm à presque 12 m. Il s'agit d'un des animaux les plus répandus dans l'océan.

Les calmars jouent un rôle important dans la chaîne alimentaire de la faune de l'océan. Ils se nourrissent normalement de petits poissons, de mollusques et de crustacés, et d'autres créatures marines. Eux-mêmes sont dévorés par des animaux plus gros, comme les baleines, les gros poissons, les phoques et les oiseaux marins.

Comment les calmars se déplacent-ils dans l'eau?

Grâce à un système de propulsion par jet d'eau. Le calmar aspire de l'eau par les fentes situées à l'arrière de sa tête, puis expulse l'eau avec force, ce qui le propulse à grande vitesse. Il n'est pas surprenant qu'on les surnomme parfois « flèches de mer »!

Que fait le calmar lorsqu'il se fait attaquer?

Il rejette une substance qui ressemble à de l'encre. L'« encre » rend l'eau trouble et surprend l'ennemi, ce qui donne au calmar le temps de se sauver. La vitesse à laquelle le calmar se déplace et la quantité d'encre qu'il produit en font un maître de l'évasion.

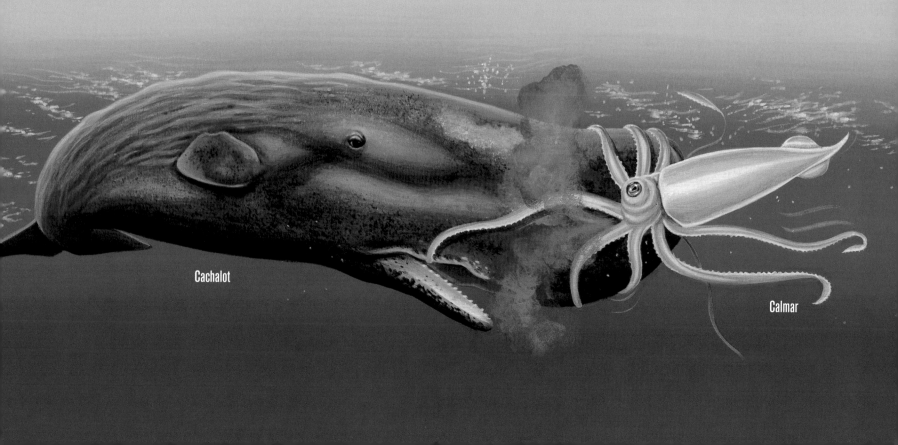

Cachalot

Calmar

Où vivent la plupart des phoques?

En Arctique ou dans les mers du nord. Le phoque annelé est le plus commun. Les scientifiques estiment qu'environ six millions de phoques annelés vivent dans les eaux de l'Arctique. Ils se nourrissent surtout de petites crevettes et d'autres mollusques et crustacés. On reconnaît facilement ces phoques à cause des anneaux dessinés sur leur pelage.

Le phoque annelé est le plus petit de tous les phoques : il ne mesure que 1,5 m de long et ne pèse pas plus de 91 kg. Il ne peut rester sous l'eau que quelques minutes; ensuite il doit trouver un trou dans la glace pour venir respirer ou en percer un lui-même en grugeant la glace. Les phoques annelés sont des proies faciles pour les ours polaires, qui les attendent souvent à proximité des trous d'air où ils viennent reprendre leur souffle. Les phoques n'ont aucun moyen de se défendre contre les ours.

Quel est le plus gros phoque?

Un type d'éléphant de mer qu'on retrouve surtout dans les eaux entourant l'Antarctique. Le mâle, à l'âge adulte, peut mesurer jusqu'à 6,4 m de long et peser jusqu'à 3 600 kg. Ce phoque doit son nom à son long museau qui ressemble à une trompe d'éléphant, et à sa peau ridée.

L'éléphant de mer a un épais manteau de fourrure, mais chaque année, il mue. Certains phoques perdent seulement quelques poils à la fois pendant la mue; mais l'éléphant de mer, lui, perd de grandes plaques de fourrure. Il manque franchement d'élégance tant que sa nouvelle fourrure n'a pas repoussé!

Les phoques pondent-ils des œufs?

Non. Les phoques sont des mammifères, comme les êtres humains. Les petits se développent dans le ventre de la mère et naissent vivants.

Au printemps, les phoques se rendent dans des zones de reproduction, qu'on appelle des roqueries, pour donner naissance à leurs petits. Dans certaines roqueries, il y a des milliers de phoques. La femelle a habituellement un seul bébé à la fois, appelé blanchon. Le bébé phoque grandit vite grâce au lait très nourrissant que sa mère produit.

À la naissance, une otarie à fourrure du Nord, par exemple, pèse environ 4,5 kg. Trois mois plus tard, le bébé phoque a triplé de poids et est autonome.

Éléphants de mer

Morses

Quel phoque arctique a des défenses?

Le morse. Les défenses sont en fait deux dents du haut qui dépassent de la gueule du morse. Les défenses des femelles sont minces, recourbées et mesurent environ 60 cm de long. Les défenses des mâles sont plus droites, plus épaisses et un peu plus longues.

Le mâle ayant les plus longues défenses devient habituellement le chef du groupe. Parfois, deux mâles ont des défenses plus ou moins de la même longueur, ils se battent pour déterminer qui sera le chef. Chacun tente de blesser l'autre avec ses défenses.

Les défenses servent aussi d'outils au morse. En piquant les pointes dans la glace, le morse peut se hisser hors de l'eau, sur la banquise. Il se sert aussi de ses défenses pour faire des trous d'air dans la glace.

Quel est le mets préféré du morse?

Les palourdes. Les moustaches rigides et sensibles du morse, qui poussent sur son museau, l'aident probablement à trouver de la nourriture dans les profondeurs obscures de la mer. Le morse prend les palourdes dans sa bouche, aspire la chair avec sa langue, puis recrache la coquille.

Un morse peut plonger à une profondeur de 91 m pour se nourrir de palourdes et d'autres mollusques et crustacés qui vivent dans la boue au fond de l'océan. Il mange sans arrêt pendant environ 25 minutes. Avant de remonter à la surface pour respirer, il peut avaler jusqu'à 4 000 palourdes!

Les morses vivent-ils seuls ou en groupe?

En groupe. Chaque groupe, ou troupeau, peut compter plus d'une centaine de morses. Quand ils ne sont pas à la recherche de nourriture au fond de l'océan, ils sortent de l'eau et s'étendent sur la glace ou sur la terre blottis les uns contre les autres – parfois même les uns par-dessus les autres. Pourquoi? Peut-être pour se tenir au chaud. Peut-être aussi simplement parce qu'ils aiment être près de leurs semblables.

Est-ce que l'Arctique est habité par des êtres humains?

Oui. De nombreux peuples vivent dans l'Arctique. Depuis des milliers d'années, les Inuits vivent au Groenland, en Alaska, au Canada et en Sibérie. Les Nenets habitent le centre-nord de la Sibérie et les Lapons vivent au nord de la Scandinavie. Il y a aussi les Aléoutes, qui vivent sur des îles près de l'Alaska.

Depuis des générations, ces peuples chassent et pêchent des animaux polaires pour survivre. Ils se nourrissent de leur viande et fabriquent des vêtements avec leur peau. Ils élèvent même des rennes pour le lait et pour leur faire tirer des traîneaux et transporter des charges.

Aujourd'hui, le Grand Nord attire d'autres personnes. Des chasseurs, entre autres, qui tuent beaucoup d'animaux seulement pour leur fourrure et leur peau. D'autres personnes y viennent aussi pour creuser des puits et extraire du pétrole, ou exploiter des mines de charbon et de cuivre.

Le mode de vie moderne fait du tort aux animaux polaires. Les ours polaires, les bœufs musqués et certains types de phoques et de baleines étaient en voie de disparition jusqu'à ce que l'on vote des lois pour les protéger.

Rennes

Une station de recherche scientifique en Antarctique

Manchots empereurs

Est-ce que l'Antarctique est habité par des êtres humains?

Non. Mais des scientifiques se rendent en Antarctique pour de courtes périodes. Ils explorent le terrain et étudient le climat et l'atmosphère. Ils recueillent aussi de l'information au sujet des animaux qui vivent sur ce territoire au bout du monde.

L'Antarctique n'appartient à aucun pays. Il s'agit d'un exemple spécial de coopération entre divers peuples. En 1959, 12 nations, dont les États-Unis d'Amérique, l'Australie, la Grande-Bretagne, le Chili et la Norvège ont signé un traité après avoir convenu de n'utiliser l'Antarctique qu'à des fins pacifiques et de protéger l'environnement dans cette région.

L'Antarctique demeure un continent stérile où la glace ne fond presque jamais. Des manchots y vivent toute l'année, et les mers abondent de poissons et d'autres animaux marins. Durant l'été, des phoques et des oiseaux marins viennent se joindre à ces animaux, tout comme les baleines migrantes. Espérons que la vie restera toujours ainsi en Antarctique!

INDEX

Au sujet des auteurs

Melvin et Gilda Berger espèrent un jour voir des animaux polaires dans leur habitat naturel. D'ici là, ils se réjouissent d'aller observer les ours polaires, les manchots, les phoques et d'autres animaux des pôles Nord et Sud à l'impressionnant Zoo de Central Park, dans la ville de New York.

Au sujet de l'illustratrice

Higgins Bond adore illustrer des livres sur les animaux et la nature. Elle vit à Nashville, au Tennessee, avec son fils et avec un animal qui n'a pas peur du froid – un husky sibérien qui s'appelle Simba.